# 漢傳佛教的智慧生活

修訂版

聖嚴法師 著

# 目錄

# 慈悲與智慧的佛教

## ——「文殊菩薩智慧法門——漢藏佛教世紀大對談」開幕詞

達賴喇嘛尊者，諸位兄弟姊妹：早安！

我是法鼓山佛教基金會所屬團體的創辦人聖嚴法師。我感到非常高興，能與紐約西藏之家（Tibet House）的舒曼教授（Dr. Robert A.F. Thurman），共同為達賴喇嘛尊者主辦三天的弘法大會，並且將於五月三日下午，與尊者以佛教的「智慧」為主題，同台對談。

佛教，雖然博大精深，它的宗旨，則在為人類提供了智慧和慈悲的精神文明。人類之有苦惱，因為缺少了智慧；人間之有紛爭，因為缺少了慈悲。如果能以慈悲心來對待人，你就不會跟他人發生衝突。如果我們大家都願意開發自己心中的智慧和慈悲，佛國淨土的景象，也會在我們的人間展現開來了。

恰巧，達賴喇嘛尊者，於去（一九九七）年三月，在臺灣傳授了觀世音菩薩的慈悲法門，此次來紐約傳授文殊菩薩的智慧法門。願我們為這三天的盛會祝福，願它為人類帶來普遍的光明，願它為世界帶來永遠的和平。

最後，我們要特別感謝達賴喇嘛尊者，不辭辛勞，從印度來到紐約，普施甘露，普降法雨。

（一九九八年五月一日講於美國紐約「文殊菩薩智慧法門——漢藏佛教世紀大對談」，刊於《法鼓》雜誌一〇一期）

# 漢傳佛教的智慧生活

尊敬的達賴喇嘛，諸位姊妹，諸位兄弟，大家好！

我感到非常榮幸，我們法鼓山美國分會與西藏之家的舒曼博士，共同主辦這次為期三天的達賴喇嘛弘法大會。

我更感到光榮的是，能夠與尊敬的達賴喇嘛，共同主持這場漢藏佛教的對談會，討論兩個傳統中對於智慧的看法及用法。

當然，在我們之間，不會存有誰勝誰負的期許，倒有互相尊敬，彼此學習的需要。正如尊敬的達賴喇嘛於去年（一九九七年）三月訪問臺灣時所說的：「佛教從印度傳入漢地的年代，比傳入藏地，早了數百年，所以漢傳佛教是哥哥，藏傳佛教是弟弟，弟弟應向哥哥學習，也有足以讓哥哥學習的優點。」可惜，漢、藏兩個傳統的佛教，由於地域的區隔，以及語文的各異，使得這兩個兄弟之間，在親切之中尚有一些距離。因此，我們臺灣法鼓山的教育機構，正在積極地培養西藏語文的人才，翻譯研究西藏佛學聖典成為漢文，也希望有人將漢文佛典的重要文獻譯成藏文。

我不通藏語，僅從若干種已經譯成漢文的藏語聖典知道一些消息，就已經使我非常欽佩。但我對於漢傳系統大乘八宗的智慧寶藏，也抱有絕對的信心，例如天台宗的教義及止觀並重，華嚴宗的思想精密，組織周延，都有修學的次第。禪宗則融合一切宗義，成為漢傳佛教的最上乘法。

由於我不懂藏傳佛教，所以只談我所知所用的漢傳佛教，但是，我卻深信，漢、藏兩系的佛法，既然都是發源於印度，原貌必定相同，中間雖有漢傳及藏傳的不同語文，但相信兩者人心必然相同。當我們又來兄弟相認的今天，我們彼此一定會發現一個事實：「原來你們和我們，都是一家人嘛！」其實，不僅佛教徒之間，有這樣的共識，在全人類的各民族之間，也當擁有這樣的共識。即使文化背景不同，人心的本質相同。佛法的好處，就在於消融自我、包容他人；以我的理解，這就是消除煩惱和開發智慧的文殊法門。

## 智慧——解脫煩惱，出離眾苦

智慧，是人人都想擁有的，至於什麼是智慧？則有許多的定義。反應敏捷、知識豐富、口才伶俐、聞一知十、處事果斷、判斷精確、博聞強記等，都可以被稱為智慧的象徵。

但其實這些都不是佛法所說的智慧；解脫煩惱，出離眾苦的心力，才是真的智慧。傳說文殊菩薩是三世諸佛之母。由於文殊菩薩願力弘深，永遠以菩薩身分度脫一切眾生，成就無上菩提。由於文殊菩薩象徵諸佛的智慧無量，諸佛皆依智慧而拔濟眾生，度脫眾苦，成就無上菩提，因此，文殊菩薩又被稱為三世諸佛之師。

釋迦牟尼出家之前，已經是一位精通當時印度各種學問技術的人，即便如此，他仍不能免除面對人類生、老、病、死等的問題而產生的憂慮和恐懼，所以尚不能算是一位有智慧的人。當他出家修道，經過六年，才突然發現：人類貪求生存、厭惡病痛、畏懼死亡，原因是不知道這種結果是怎麼發生的。釋迦牟尼佛發現，生命的現象只是物質和精神的組合，被稱為無常變化的「我」，因此根本不可能擁有，也絕不是實有，所以此「我」是暫時有而本性空。既然「我」是空的，就不必貪生，也不必怕死了。這種智慧的功能，就稱為開悟和解脫。

不過，貪生怕死是生命本能的反應。避免危險，追求安全，是生命延續的保障；遠離苦難，擁抱歡樂，是每一個人的希望。問題是，愈是怕死的人，死神跟得你愈緊；愈是不能面對危險的人，安全距離你愈遠；愈是不願接受苦難的人，歡樂的機會愈短。例如，今天的科學文明，都是從人類的希望中產生，它雖然給我們帶來許多物質生活上的方便，卻也為我們的生活環境及自然生態，造成了無法彌補的汙染及破壞。各種機械的發明，雖然節省了人工，增加了生產，人類卻並沒有因此而多出了時間及空間，反而忙得感覺時間愈來愈緊張，空間愈來愈狹小。

古代人類的意外事件很悲慘，現代人類的意外事件則更可怕；古代人類的戰爭，每次最多消滅一國、一族，現代人類的戰爭，可於瞬間毀滅整個地球世界。

又如：電腦科技雖是人類於二十世紀末、二十一世紀初的最大突破，乃至幼兒也能享受到電腦的樂趣，可是電腦會中毒，電腦開發出來的網際網路、網站，也會被人類做為犯罪的工具。為了防止這種犯罪的汙染，把許多人忙成七手八腳。由此可以說明，人類雖在追求希望的過程中，不斷地開創出新的文明；然而每一個美麗的希望，都會在美夢出現後迅速地消失，接下來，又是在惡夢連連的狀況下追求另一個美麗的希望。我們不該詛咒科學，科學是無辜的，問題是在於人類的心，為何總是一邊製造幸福，同時又在另一邊摧毀它。

這就是人間相的事實，一個一個的生命，在追求歡樂的希望中，出現了又消失，一個一個的生命，在追求歡樂的希望中競爭、貪取、擁有、失落，永遠不能滿足，永遠沒有安全感。到最後，不僅會失去親人、失去財富、連肉體的生命也必然要失去。

佛法的功能，不在反對人類的文明，而在於讚歎人類追求希望的本能。所以，佛法可說是維繫人類生存發展的原動力。只是，如果缺少了智慧，就可能僅為某一個人的利益之私；也就是僅為某一族群的利益之私，僅為局部而不為全體，那就會造成互相傷害，使彼此殘殺。如果有智慧，便會有寬大的胸懷，全體人類便能和平相處，手足相待，共享幸福。將自己奉獻給全體的同時，自己的希望和利益也必然有了保障。

所以，佛菩薩的智慧，是以利益他人為利益自己的唯一方法。如果著眼於自利的方式而來利益自己，便會在煩惱中和其他的人摩擦，縱然有利可得，卻為他人所不喜。因此，如能著眼於利益他人的行動，必定可達成利益自己的目的，那是用慈悲心與他人分享自己的智慧，這麼一來，不僅使他人獲得幸福的生活，也能為自己營造快樂的人生。

佛法的智慧能使一切的人，遠離種種障礙，獲得無比的自由。對於各種不同性格的人，即用各種不同的方便來給予幫助。例如《文殊師利問經》所介紹的菩薩戒，共分為三等：

（一）從人天善法的「世間戒」做起。

（二）從出離煩惱的「出世間戒」做起。

（三）從超越空、有兩邊的「上出世間戒」實證諸佛境界。

三等之中，不論哪一等，只要發起無上菩提心的慈悲弘願，當下便是必將成佛的菩薩行者；一切等級的善法，無不會歸成佛的果位。此在《華嚴經》的思想，稱為「因果同時」，起因之時，果已完成，所以凡夫都能成佛。這就叫作修行有次第，成佛無先後。

因此，佛看一切人，不僅是未來的諸佛，而且是當下的諸佛，只可惜凡夫的心，被煩惱所迷惑，不知自己就是佛。

只要清清楚楚地生活在當下，每一個念頭的當下，便與智慧相應，便能以智慧的心眼，見到自己的本來面目與諸佛所有的完全一樣。

## 禪宗——最圓滿究竟的無上大法

漢傳的大乘佛法，從龍樹的中觀學發展為三論宗，從無著與世親的瑜伽學發展為唯識宗，依《法華經》及龍樹的《中論》發展為天台宗，依《華嚴經》發展為華嚴宗。以上四個宗派，對於釋尊所說的教法，在義理的組織次第、禪觀的修習次第上，都有極其嚴密的分析說明。最後，依《楞伽經》、《金剛經》、《維摩經》等發展出的禪宗，更將次第井然的各宗佛法，匯歸最高、最上、最圓滿、最究竟的無上大法，那就是不落階梯、頓悟佛性，不立文字、直指人心的禪宗。

禪宗主張，佛性人人本具，不是因為修行佛法才有佛性，也不是由於持戒修定而開智慧。由於文殊菩薩是「不斷煩惱，也不與煩惱共住」。他處在煩惱的眾生群中，卻不被煩惱困擾。所以禪師為了利益眾生，可以不必顧慮比丘的戒律。故有悟後的禪師抱著女眾渡河，而心中坦然的故事。就以我自己而言，平常我絕不會摸觸女眾，若遇初次見面，又不知佛教合掌禮節的女眾伸出手來跟我握手，我也不會拒絕。

佛經中告訴我們，釋迦牟尼佛住世時代的僧伽之中，文殊及彌勒兩位菩薩，都是修梵行的比丘身分。在一次夏季三個月中，文殊菩薩未住僧寺，倒是去王宮與五百個淫女及兒童遊戲玩樂，以致長老摩訶迦葉要集合大眾，宣告將文殊菩薩趕出僧團。後來發現，文殊反而度了那些眾生。

由此可知，能夠深入火窟之中救人，才是最高明的消防人員。此在禪宗的《六祖壇經》裡也說：「心平何勞持戒。」「心平」的內在條件很重要，如果出家的比丘不是為眾生得利益，僅為自己貪欲樂而摸觸女人，就不應該了。

禪師們平常不會為了撫平自己的煩惱和困擾，而向心外祈求什麼，正如《維摩經》所說：不求佛，不求法，不求僧。但他們每天也有禮拜、讚頌、誦經的日課。若有人問他們為何如此？他們可能回答你說：「做一日和尚撞一日鐘，是什麼身分做什麼事。」或者說：「看經是為了遮眼。」

一般人的智慧，需要思辨、說明、考慮、觀察；最高的智慧，不需依賴文字、語言、心思、意念等符號的表達，而是直接洞悉真理的本身。向內心的深處看，是內在的無限，向外在的十方看，是外在的無限；如果體驗到內外都是無限，便不會斤斤計較於眼前一事一物的利害得失。如果你願意體驗它，不一定是要入了深定的聖者，就是一般凡夫，也可以做得到。因為宇宙間的任何一種現象，不論大小、多少，彼此之間都是相連相印的，也是無法分割的，更是相互依存，彼此互為因緣的。

所以，從一粒微塵可以延伸到無限的深遠廣大；無限的深遠廣大，也是由無限微塵的互相依存而有。一切現象的本身，永遠由於因緣的互動而起著變化。所以，任何現象，都不是究竟的真理，究竟的真理，卻又不離因緣互動的一切現象。這便是般若思想及中觀哲學的理論依據：即有即空，非有非空，不執空及有的兩邊，也不取空及有的中間。因此可以超越於煩惱及菩提的相對，超越於凡夫及聖人的相對，超越於善與惡、多與少、得與失等的相對，是絕對的平等無差別，是絕對和諧沒有對立。這就是佛法所說智慧的功能。

因此，若以智慧看世間，世間的一切，便無前後的位子，也無數量的多少，也無你我之間屬性的矛盾了。曾經有人問文殊菩薩：「聽說，文殊你是三世一切諸佛之母，是三世一切諸佛之師，那麼你從初發菩提心以來，已有多麼久遠了？你還有多麼久遠才能成佛？」

這是一般人都希望知道的問題，但就文殊菩薩而言，他知道，如果是用一般人的方式來回答，一定無法說明。既然宇宙是無限深廣、無限久遠的，從整體而言，沒有內在也沒有外在，沒有開端也沒有結束，文殊是象徵著三世諸佛智慧的功能，所以是諸佛之母及諸佛之師，這叫他如何回答？他只好反問：「這樣的問題，你已問多久了？還要問多久呢？」

這種反詰的方式，便演變成了中國禪宗祖師們用來幫助弟子開悟的手法，例如，曾有僧人向石頭希遷請教解脫的方法，以及清除煩惱心的方法，希遷便反問：「是誰綁住你了？是誰把你的心弄髒了？」

這個反詰的方式，是禪宗用來幫助修行者開悟的利器，因其對於問話的人而言，無異是當頭棒喝，頓時會把向外攀緣的心念切斷，利根的人當下就可能開悟，否則的話，也會回頭來向內自詰，自我反問：「內在的自我，究竟是誰？」當你發現，除了念頭，別無自我，既無煩惱的我，也無智慧的我，僅有隨著環境而有的種種心相之反映，沒有永恆不變的「自我」這樣東西時，便是開悟。

## 無我——開悟後的心境

開悟之後的無我是怎樣的心境呢？如果已得徹悟，便如物理學上的慣性定律：靜者恆靜，動者恆動，這乃是存在於宇宙萬物的常態。恆靜則不會出於環境的影響而蠢動，恆動指的是智慧的功能，會適應眾生的需要而運作。這是最高的禪定，也是最上的智慧。恆靜的禪定，恆動的智慧，這便是禪宗的《六祖壇經》所說：「即慧之時定在慧，即定之時慧在定。」如此的定慧不二，便是《金剛經》所說的：「應無所住而生其心。」心念不與煩惱的情緒共住，卻有清淨的智慧功能。「無所住」是不在乎煩惱心的困擾，煩惱心雖有即無；「生其心」是經常有智慧心的觀照，智慧心的功能無限。

用智慧心觀照自己的煩惱心，煩惱心遇到智慧，就像黑暗之中昇起明燈；用智慧心因應眾生的煩惱心，就像舉起火炬的壯士，帶著群眾在黑夜中前行。因此，依佛法的立場來說，有了智慧的人，必然也是有了慈悲的人；有了智慧的人就不會被煩惱的情緒所困擾，有了慈悲的人就會被一切的眾生所接受。所以，若能接受佛法，你就擁有智慧和慈悲。擁有智慧，縱然尚未脫離煩惱，也不致被煩惱所困惑；擁有慈悲，縱然處身在魔鬼群中，也不見有一個敵人。

這種無我的心境，也不一定是徹悟的人才能體驗，即使是一般凡夫，若願意嘗試，也可以體驗。只要捨棄當下一念的執著，你的當下「是心是佛」，這時你的心境就同佛的智慧心；如果後一念又有執著，你的當下「是心是眾生」，這時你的心境又回到了凡夫的煩惱心。因此，中國有一位禪師要說：一念清淨，一念是佛；念念清淨，念念是佛。又說：一念清淨，一念見佛；念念清淨，念念見佛。

一般人雖不能念念清淨，總可以試著來享受一個念頭又一個念頭，一個短時段又一個短時段的清淨吧！即使僅僅只有一個念頭不起仇恨、瞋怒、妒嫉、不滿等情緒心，雖然還是眾生的凡夫心，卻與佛的智慧心及慈悲心相應，所以說：「諸佛心是眾生心。」眾生心與佛心，平等無二。此種同樣的心，眾生未悟，即是煩惱，眾生若悟，即同於佛。

## 頓漸——開發智慧的方法

有兩種方式，可以獲得佛的智慧：

（一）從受戒、修定，而開智慧的心門。

（二）不向心外求法，但將內心執著放下，當下便見自心即是佛心。

第一種稱為次第的漸修漸悟，第二種稱為超越次第的頓修頓悟。中國的禪宗屬於第二種，又有二種法門：1.是臨濟派的話頭、公案禪，2.是曹洞派的只管打坐、默照禪。

話頭與公案，是用一句無意味的話或者用某一則禪宗祖師發生開悟情況的故事，教修行者不斷地追問「那是什麼？」例如，以石頭希遷禪師問：「誰綁了你？」的故事問大眾，這就稱為「參禪」。參禪的要領是：不得用自己的頭腦去思索它，不得用已知的佛學名詞去解釋它，不得用任何觀點去說明它。如此一次又一次、一念又一念，連綿不斷地，在同一句話頭或同一則公案上，一直問下去，問到雜念不起，妄想不生，也不罷休。或許在一瞬間突然爆起智慧的火花，才發覺一切的煩惱和掙扎，無非是由於自己的愚癡，便是悟境現前。

默照禪，首先要觀照自己整體全身的存在，稱為觀身；其次觀照遠近環境的存在，稱為觀境；最後觀照自己的心念，既不住於身體，也不住於環境，但其身體和環境歷歷存在，唯不見有心念的起滅及前後，此稱為默照，也稱為絕觀。如何使用絕觀法門？一切景象及觸受都有，卻不要給它名字，不要起念分別，不要加以形容，當下便將與煩惱相應的心、意、識流，中止切斷，呈現一片天下本無事的和平景象。

以上兩派禪宗，用的都是頓悟法門。起初雖然需要打坐的工夫，卻未必能以打坐開悟，甚至有好多開悟的例子，都與打坐習定無關。例如，在釋迦牟尼佛時代，曾有不少阿羅漢弟子，從未打坐習定，只見佛一面，便於佛陀開示佛法的當時悟得無常無我的真理，這就是空性，又稱為得法眼淨。

如佛的著名弟子，多聞第一的阿難尊者，其開悟解脫的因緣，是在佛滅之後，期待摩訶迦葉尊者幫助他解脫，摩訶迦葉尊者竟以阿難未證阿羅漢果，而將之趕出五百大阿羅漢集會場所的門外，阿難在絕望之餘，只好下決心，不再依賴任何人的幫助，而去獨自打坐修行，想不到當他拋開一切依賴期待之心，正要坐下打坐之際，突然悟境現前，證得了阿羅漢果。

以此故事可知，中國禪宗所用的頓悟法門，在佛陀時代常用，迦葉與阿難之間也用。我們只要有心嚮往智慧，無論是誰，都有獲得智慧的機會。

## 淨土——心地法門的實踐

我正在傳授的禪法，稱為心地法門，它的依據，是梵文漢譯的《般若經》及《維摩經》所說：眾生（人）的內心清淨，眾生的行為即清淨，眾生的心、語、身三種行為清淨，眾生即見其所處的環境清淨、世界清淨。

此所謂清淨，就時間而言，有短有長，就空間而言，有小有大。所以不論你是凡夫或者聖者，都有機會從這種心地法門獲得利益，你能或於一念間清淨、或於一分鐘清淨、或於一刻鐘清淨、或於一小時清淨，都能享受到心地清淨及體驗到世界清淨的快樂。如果你一人的心地清淨，會影響多人的心地清淨，進一步，你所處身的環境也就變成清淨。如此一來，不論你在何處，只要保持心地清淨的體驗工夫，隨著你的所到之處，他人也能分享到你幾分清淨心的平安與快樂。

因此，我依據這樣的信心，在世界各地推行著一項稱為「人間淨土」的運動，因為只要人的心地有一念清淨，此人便是為這世界建設人間淨土的菩薩。

智慧心，就是清淨心，以上介紹的心地法門，雖是佛法之中的最上乘法，但它卻不是那麼地高不可攀，事實上乃是遇高即高、遇低即低的法門，乃是可深可淺，能夠適合所有人的法門。不論是誰，都能使用，都會得益。

對於許多沒有太多時間打坐，或者根本沒有可能打坐的朋友們，我在此傳授一種簡單容易的方法，能在五分鐘乃至一分鐘內，撫平你內心衝動的情緒，請諸位不妨試一試：

先將身體坐得很舒適（站得很輕鬆也可以），先將眼球放鬆不用力，再把頭腦放鬆不要思索，再把臉部及頸部肌肉放鬆不要拉扯，兩臂兩手放鬆不用力，小腹放鬆不要收縮，然後享受呼吸從鼻端出與入的感覺，心中默想：身體全部放鬆。最後，你會發覺呼吸真是人生最大的享受。

如果當前你的狀況，不允許你做得這樣細膩，那請你僅僅把注意力轉移到你自己呼吸的感覺上，這同樣也有意想不到的妙用。

請諸位兄弟姊妹們一定要相信：不僅僅人人可以成佛，而且就在大家的日常生活，隨時隨地都可體驗到，你的心地與佛的心地是非常接近的。我們這個世界，既沒有敵人，也沒有罪人，雖然一般人的心地，有時由於各種因緣而起了煩惱的情緒，做出了自害害人的行為，只要他們在一念之間平息了煩惱，回轉成清淨，他們即能在此一念間，成就佛的智慧與慈悲。

（一九九八年四月寫於北投農禪寺，「文殊菩薩智慧法門——漢藏佛教世紀大對談」前夕，刊於《人生》一八〇、一八一期）

# 中國佛教的清淨智慧

佛教傳到中國大概是第二世紀，傳到西藏是第七世紀左右到第八世紀，中間相差大概四百到五百年的時間。這個過程之中，從印度透過漢譯傳到中國的經論，大部分西藏都有，也有一部分西藏沒有；至於在西藏所翻譯的聖典之中，則有不少是漢譯部分所沒有的。

漢傳佛教曾有一千多年輝煌的歷史，發展得非常蓬勃而完整，早期、中期印度佛教的經論，漢傳佛教幾乎都有。屬於晚期印度佛教的，在漢地不是沒有，只是很少，有一大部分只傳到西藏。

就我所知，有幾部論典漢傳有，藏傳則沒有，例如《大毘婆沙論》、《大智度論》、《成唯識論》等。另外關於律藏（毘奈耶）部分，在部派佛教時代一共有二十個部派，二十個部派中應該每一派都有自己的律藏，可是漢傳只翻譯過來四個部派的律藏，我推想藏傳的律藏中大概有一部分是藏傳有而漢傳沒有翻譯的。

## 漢傳、藏傳同本同源

兩個系統的傳承中，因為漢文化有自己思惟的方法及文化背景，如儒家、道家的背景，而藏文化也有它本有的背景，如苯教。就因為兩地文化背景不一，所以發展出來的佛教，漸漸就各具特色。長久下來，因為交流、來往較少，造成彼此都在批評，漢傳佛教說藏傳佛教迷信，說藏傳佛教不行，而藏傳佛教也認為漢地的佛教不行。

其實，漢、藏兩個系統的佛教，本來像是兩兄弟同一個母親，只是後來兄弟分了家，如今兄弟再聚，彼此應互相慰勉。聽了這兩天的法會，我感覺藏傳佛教非常有內容，特別是教理的次第組織非常嚴密，修行次第也非常謹嚴。

達賴喇嘛的開示讓人覺得藏傳佛教非常豐富，但也好像很難。先要把顯教次第理解得非常清楚，才能夠學金剛乘，也才能夠成就金剛乘。

現在，我要把中國的佛教簡單地介紹一下。所謂中國的佛教，是印度傳到漢地，漢傳之後再發展而成的十個宗派，其中八個宗派是大乘，兩個宗派是小乘。

大乘佛法當中，直接從印度傳來的，在中國形成了三個宗派，一個是三論宗，一個是唯識宗，另外一個是律宗。

另外，在中國受到漢文化的影響，而把印度佛教重新組織的，有兩個大宗派，一個是天台宗，一個是華嚴宗，這兩個宗派的教義部分。有非常嚴密的組織和具有次第的分析，對修行的次第，也有嚴密謹嚴的發揮。

## 吸收天台與華嚴精華的禪宗

天台與華嚴這兩個宗派全部都是用印度的經典和論典。由於時間有限，我無法詳細解說這兩個宗派的內容，只能簡單地說，有了天台宗的禪觀和教義，加上華嚴宗的教義和禪觀，才成熟了禪宗。也就是說，禪宗跟華嚴宗及天台宗有關，把兩個宗派的精華全部吸收，就成為禪宗的內容。

不過，禪宗並不是從開始形成以後就沒有再改變，而是漸漸發展成為中國最大，也可以說唯一的一個宗派。

天台宗是以《法華經》為主，依據的論典則是《中觀論》。華嚴宗以《華嚴經》為主，但也用《大智度論》、《十地論》，而這些宗派一定都不離《阿含經》和阿毘達磨。至於禪宗最主要的經典有三部，一部是《楞伽經》，一部是《金剛經》，另外一部則是《維摩經》。

可是，中國文化向來不喜歡繁雜的東西，希望愈簡單愈好，於是反映在禪宗最重要的一部經典——六祖惠能的《六祖壇經》，這部經整合了所有的佛教思想。

中國禪宗最偉大的祖師是惠能，而惠能的開悟，就是聽到《金剛經》裡的一句話：「應無所住而生其心。」《金剛經》主要是講發菩提心和空性。《楞伽經》主要是講如來藏，要我們相信人人都有如來藏，也就是每個人要相信你可以成佛。而《維摩經》主要是告訴我們，如果真正要開悟，一定要放下分別心與執著心，也就是放下煩惱心。破煩惱就是離煩惱分別，就是離所知障、煩惱障，放下之後，煩惱和菩提平等，生死和涅槃平等，善與惡平等，不去計較，當下就與佛相應。

早在禪宗的初祖菩提達摩度化二祖慧可時，慧可就希望菩提達摩給他安心的方法，因為他心中有很多煩惱，無法安住。菩提達摩並沒有給他方法，只是問他：「你哪一個心不能安？你找找看，找出來以後，我替你安。」

其實，這也就是文殊師利菩薩的智慧。例如，在經典中也有這麼一個故事，有人問文殊菩薩：「你是三世一切諸佛的老師，請問你什麼時候成佛？請問你已經修行多久了？」

文殊菩薩的回答很奇怪，也很好玩，他說：「我問你，這樣的問題你要問多久？」

禪宗教人開悟，沒有一定的方法。主要還是要你找自己的煩惱心究竟是什麼。早期的修行方法實在很難，要先從五停心，或是數息觀等開始，要經過尋、伺、喜、樂的階段，然後才能進入次第的禪定，要成佛很不容易。

但是禪宗呢？則叫你當下不要思索，妄心生起的當下，就找找看它是什麼？找不到時，自然就會見到空性。

因此有人認為，懶人修禪宗最好，其實不然。禪宗也講戒律，也講定、慧。如果心不清淨，行為不清淨，就必須先持別解脫戒，從持戒開始。同時，真要學禪宗，一定要發菩提心，所以也必須受菩薩戒，持三聚淨戒。

三聚淨戒就是止一切惡、修一切善、度一切眾生；或是持一切淨戒、修一切善法、願度一切眾生。其實，我認為這三聚淨戒，就跟達賴喇嘛講的《聖道三要》的出離心、菩提心，以及空正見一樣。

但如果已經見到佛性，已經解脫了煩惱，行為就能不受有形的拘束。以禪宗一位大禪師百丈禪師為例，他就說他不違背大、小乘的戒律，也不需要被大、小乘的戒律所拘束。

## 定慧均等，即定即慧

禪宗講的定，要跟空性的慧完全一致，才是真正定。它不注重次第，而特別重視智慧，空性的智慧如果發起，才是真正的定，否則不承認你是得大定。所以即定即慧，定慧是均等的。

至於怎麼修？簡單地說，信心很重要，要相信佛說的，我們每一眾生都有佛性，都能成佛。如果當下就能無分別心，也有可能當下開悟。例如釋迦牟尼佛時代，就有很多阿羅漢只聽佛說的一句話，馬上就證得阿羅漢果。在《阿含經》裡，就有這種例子，有人去見佛，釋迦牟尼佛只跟他講一句話，他馬上就證阿羅漢果。而禪宗也有聽到一句經文，就馬上開悟的六祖惠能。

不過，一般人做不到的話，也還是可以從基礎開始。首先是把身體放鬆，其次，把頭腦放鬆。可以用數息的方法，也可以不用，如曹洞宗默照禪，就是叫我們只管打坐的感覺，然後注意你的心在做什麼？把心安定之後，最好修絕觀的方法。絕觀就是叫我們離開四大、離開五蘊、離開心、離開意、離開識，到這個時候，你看看自己究竟是什麼？

簡單地說，就是你面對外境或內境時，不論心裡的念頭或心外的事物是什麼，都不要給它名字，不要形容、不要比較、不要思索。

很多人喜愛開悟，以為像古代禪師，拿個棒子在你頭上一打，就能達到當頭棒喝的悟境。但是很多人弄不清楚什麼是當頭棒喝，認為罵一句或打一下，讓妄念、煩惱暫時不起，就叫作開悟。其實這只是在有分別、煩惱時，在攀緣、執著非常重的時候，禪宗會用這個方法，突然之間打一下子、罵一下子，這會是有用的，但不能稱作是開悟。

如果這個方法不得力，不容易用，曹洞宗之外還有一個臨濟宗的方法。那就是問：「是誰有這麼多的煩惱？」、「是誰在攀緣或亂想？」、「是誰有這些習氣、無明？」、「是誰啊？究竟是誰？」不斷地問，問的時候，要使自己這些無明、煩惱、習氣漸漸不生起，一段時間不生起以後，假如有人給他打一棒，也會是有用的。

## 建設人間淨土

根據這些原則，我正在推動一個運動，叫作「建設人間淨土」，希望讓佛國淨土在我們人間出現。

這要從心的清淨開始，然後是行為的清淨；行為清淨之後，就會自己清淨，也影響周遭的人清淨，然後逐漸擴大影響力，讓其他的人也能夠一個一個地心清淨、行為清淨，那佛國的淨土就可以在我們面前出現。

不過心的清淨確實不容易，真正的清淨至少要實證空性的智慧後，才能沒有煩惱，才能清淨。但是不要失望，修行一定是從凡夫開始，一定是從有煩惱的心開始，如果沒有煩惱的心，我們根本無從修行起。

對治煩惱方面，分知煩惱、伏煩惱、斷煩惱。一開始能夠知道有煩惱已經不錯，其實就已經跟清淨心相應了。雖然不能夠馬上與空慧相應，但是一跟煩惱不相應，或是煩惱不現行，也比老是在煩惱中打滾好得多。

所以當我們知道有煩惱，知道這是煩惱心，不要太難過，不要後悔，但是要改進、修正；平時則可以用參話頭的方法，也可以注意呼吸，使自己的妄念、煩惱心不那麼容易起伏，這時你的心跟清淨佛性就是相應的。

佛法認為，如果一念心清淨，這一念之間，就跟佛相應，就是佛。這也就如《法華經》中所說，若有人進入寺院，能稱念一句南無佛，這個人已經成佛了。不過這是因地的佛，不是果位的佛。

當每一個人都能承認這個事實時，至少我們的行為會改善很多，我們這個世界就是佛國淨土了！

（一九九八年五月三日講於美國紐約「文殊菩薩智慧法門——漢藏佛教世紀大對談」，刊於《人生》一七九期）

# 中國佛教未來的希望

自從明末四大師之後，幾世紀以來，中國佛教就進入類似冬眠的狀態。在教義的發揮、整理，以及修證方法的踏實方面，沒有人才。到了近代民國初年，才出現了幾位大善知識，例如太虛大師、歐陽竟無、印光大師、弘一大師，以及虛雲老和尚、熊十力等人。他們這幾位之中，有些是反佛教，像熊十力就是研究佛教而反佛教，歐陽竟無是主張唯識而排斥其他的一切宗派，太虛大師重視《大乘起信論》、《楞嚴經》，對其他各宗各派則講圓融。

到了近代，印順長老回歸到印度，將印度的佛教思想重新整頓，正本清源的工夫做得相當好，我也受恩於他很多。我經常說，要看佛教的書，印老書中思想的純度，是絕對沒有問題的。然而，現在大家對漢傳佛教已經失去信心，因為漢傳佛教修行的人不多，研究的人太少，對天台、華嚴、淨土與律，都沒有人深入精研，特別是對天台及華嚴的教與行的內容，已經沒有人在做重新整理及依教實修的工夫。而研究唯識學、唯識法相的人，多半只是從事研究而沒有修行。

但是，藏傳佛教各宗各派的人，卻兢兢業業地在培養人才。特別是達賴喇嘛，他把藏傳四大教派的義理全部接收、匯集起來；他不排斥任何一派，卻能綜合圓融各派系好的內涵，然後加以發揚光大。對談前他曾跟我說，他不像一般格西那樣有學問，因為他所講的都是從大處著眼，小處著手；而那些格西卻是從小處著手，一點一滴地在做研究工夫，卻沒有整體感。因此，我們可以看到，一個整體、綜合性的西藏佛教，在達賴喇嘛的生命中展現出來，如同宗喀巴一樣，但是宗喀巴當時的影響力僅是西藏一個地區，達賴喇嘛的影響力卻是全世界的。

而現在的中國漢傳佛教，卻連「禪」是什麼都非常地混淆。講到「禪」時，往往只是重視其神祕的經驗以及開悟的誘惑。事實上，我們對開悟的認知，應該著重在所領悟的空性是否跟龍樹菩薩的「中觀」相應，是否跟四《阿含》「緣起性空」的精神思想相應。若相應，便是正確的佛法、禪法，不相應的，則是外道，雖然很多人也講開悟、神通，也有身心的神祕經驗，但他們是外道，不是佛法。

## 掌握緣起性空的禪宗

現在漢傳系統的佛教中，究竟多少是有問題的，我並不清楚。但是，我看了很多正在教禪的人所寫的書，多少會發現一些問題，那就是對緣起性空的原則無法掌握。他們所體驗到的，只是一些神祕經驗，並非密教的祕密，那只是心理、生理、神經的反應而已，不能說這就是正信佛法的修證。針對這一點，達賴喇嘛掌握得很清楚，在這次的法會中，他不斷提起空性，不斷提起出離心、菩提心、空正見，他提倡的這些，對漢傳佛教來講，會有很大的幫助；尤其這次我們聽了藏傳佛教，再經過我和他的對談之後，希望漢傳佛教的僧俗四眾回過頭來，對漢傳佛教重新認同、重新肯定、重新提攜，不要失去了信心。

目前臺灣佛教界的危機，就是對漢傳佛教失去了信心，認為漢傳佛教在教理上是沒有大用的，在修行上是不得要領的，要修行的話，似乎只有南傳內觀禪法以及藏傳的密法才有用；認為密教中也有顯教，它們有系統、有組織，而這些漢傳佛教似乎都沒有。其實，不是沒有，而是缺少人才去發現它、整理它、實踐它。

過去很多人看不起禪宗，認為禪宗類似外道，禪師們玩的是外道法，不是真正的佛法。明末蕅益大師就曾指出，禪宗的人傲慢、自信、沒有深度，對教理不通，對修證不清楚，只要身心上有些反應，就認為是大了不得，一些小的聰明伶俐，就以為是大徹大悟了，甚至太虛大師及現代的印順長老都曾提出這個問題。其實，如果了解禪宗，好好發揮禪宗的精神，以及發揮中國佛法的漢傳精神內涵，再把印度的佛法，正本清源歸到緣起性空的方向，我們是不會不如藏傳佛教的。

藏傳的密教分為事部、行部、瑜伽部、無上瑜伽部等四部。無上瑜伽是很難修行的，不到無上瑜伽，不可能即身成佛。到了無上瑜伽的即身成就，就是與佛的悲智完全相應。反觀禪宗的修行方法，比密教的四個修行次第法容易多了。

與達賴喇嘛對談時，我說修行有的是在因位修，有的是在果位修，這跟密教是相同的，即使修到最高的大成就者，在果位上還是要修行，達賴喇嘛聽了之後，也同意我這樣的說法。

對談時，我還講到斷煩惱的過程，分為三個次第：1.知煩惱，2.伏煩惱，3.斷煩惱。當天因時間有限，無法把斷煩惱的層次說得更細膩一些。

達賴喇嘛誤解我講禪宗的大悟徹底，就是煩惱完全斷除。於是我問了他三個問題，請他以藏傳佛教來解釋：1.光明心（悟境）出現之後，是否一直還能維持？2.光明心出現之後，煩惱是否斷了？3.光明心出現之後，在夢裡會怎麼樣？達賴喇嘛以藏傳佛教的方式回答了這三個問題，並且也認為：「大悟徹底就斷絕了煩惱的講法，是有問題的！」對於我所說斷煩惱的過程，他也同意。

事實上，漢、藏佛教是有很多雷同之處，只是漢傳佛教缺少人去發揚、推動。現在漢傳的佛教徒們多半認為漢傳佛教是沒有用的，甚至忽略它、忘掉它，這是漢傳的悲哀。今後，我們要如何重新復興漢傳佛教呢？藏傳佛教對我們是有幫助的，所謂「他山之石，可以攻錯」，我們未必要去弘傳它，但是將它介紹過來，能使漢傳佛教更具有特色，更能發揮功能。

## 栽培人才是當務之急

首先，我們要從栽培人才方面著手，同時也要鼓勵大家，應當先有漢傳佛教的基礎之後，再去研究藏傳佛教，如果不具備漢傳佛教的基礎，只是一味地去研究藏傳佛教，那只有接受它而成了藏傳佛教的傳人，是不可能來弘傳漢傳佛教的。

我也向達賴喇嘛建議，請他今後派格西到法鼓大學的佛學研究所，一邊教藏文，一邊學漢文，把漢傳佛教的好東西譯成藏文。同時，我們也把在這邊研究所得到碩士、博士學位的人，送到印度去學藏文，然後把藏傳佛教好的內涵傳回漢地。如果能把這兩派的優點集合起來，佛教才能回流，才能在分家之後又變成一家，這對整體世界佛教的未來發展是有大前途的。對這一點提議，達賴喇嘛也很贊成。基本上，我並不覺得藏傳佛教一枝獨秀有什麼不好，卻也不能不說，漢傳佛教歷代祖師們留下的智慧遺產，也是極其有用的。

今後，我們不但要大力培養漢傳佛教人才，同時也要支持藏傳佛教培養人才。法鼓山體系是有這個力量，也有這個責任要去做這件事。因此我們計畫與達賴喇嘛的辯經學院簽訂一項合作契約，但願能因此促進國內佛教人才源源不絕地產生。

培養人才，要從研究及實踐修行兩面著手。實踐實修的人才，必定要有顯教教義之基礎，如果只是打坐，坐出來的結果可能是跟佛法不相應的外道，講的也是外道法；如果僅僅只有研究，那是一般學者，不是傳持佛法的傳法者，所以教義的研究和修行的實踐必須要同時並行。

大量培養人才之後，才可能在一百人之中，乃至一千人之中，出現幾位對世界有大影響的人，那就算得上是豐收了。因此我要向諸位勉勵、請求，請求諸位能先將自我放下，如果還僅想著：自己先成就，再去成就他人，那是沒有機會培養下一代的。我是即將七十歲的人了，如果只求自己的成就，就乾脆進入山裡去修行，不管世間的事；也有人鼓勵我說：「師父，您再入山去修行一、二十年，或許就可以成道了！」只不過二十年後，我的骨頭都可能已經可以打鼓了，卻沒有培養出什麼新的人才來。

我們必須奉獻自己，成就下一代，那是大菩提心、菩薩精神，是真正的出離心；只是在為佛法奉獻時，要能掌握佛法的根本原則。如果現在能成就許多大成就者，將來必定也會有人來度化我們。

文殊師利菩薩是三世諸佛之母，他從來沒有想要成佛。我雖然沒有那麼大的智慧，但是我願意盡形壽、獻生命，為培養後代佛教人才及弘揚佛法而奉獻，將佛法遍布於現代人的心中，這就是我的心願。

（一九九八年五月六日講於美國紐約東初禪寺，姚世莊居士整理，刊於《人生》一七九期）

# 佛教對於東方文化的影響

諸位先生、諸位女士，謝謝光臨指教，也謝謝主辦單位北京社會科學院宗教研究所以及臺灣法鼓山中華佛學研究所，為了紀念佛教漢傳二千年，召開兩岸佛教學術研討會，同時要謝謝大會邀我來擔任主題演說。

任何一種文化，都是在人類思想的激盪中產生，也在人類思想的變遷中更新，若能經常引進來自多方的源頭活水，這一種文化，便會多彩多姿；若能代代都有傑出的人才做溫故知新的工作，這一種文化，便會有充沛的活力；如果拒絕接受外來力量的考驗，這一種文化，便會衰落而不受人間歡迎；如果缺乏反省的能力，這一種文化，便會僵化而遭受自然的淘汰。由此可知，佛教在印度的全面滅亡，一定有其原因，佛教在中國雖歷經數度的興衰交替而尚有生機，也一定有其道理。

今天，我們臺海兩岸共同召開這樣的佛教學術研討會議，目的也就是在集思廣益，檢討過去，展望未來；引入新知，發掘潛力；以古鑑今，古為今用；融攝眾流，化異求同；啟後必須承先，大開乃能大闔。

## 佛教文化的開展

佛教發源於印度，創始者是釋迦悉達多王子，他的年代，依據南傳《善見律》的「眾聖點記」之說，是於西元前四八五年為入滅年，世壽八十歲。日本學者宇井伯壽、中村元等，把佛的年代考訂為西元前四六三至三八三年之間（《新．佛教辭典》）。近人印順法師則又推定為西元前三八八年是佛滅紀元元年（《印度之佛教》八十五頁）。

最初的一百多年之間，佛教文化大概是在印度境內傳播。至西元前二六八年，孔雀王朝的第三代阿育大王即位，十七年後皈依佛教，並派遣大批僧侶，赴世界各地傳揚佛法，便將佛教推展到全亞洲的鄰近諸國，其包括南方的金地（錫蘭、緬甸），北方的中國，正好是秦始皇時代。

因此，佛教就有南傳的上座部及北傳的大乘之分。傳來漢地的年代，雖可溯及嬴秦，近人公認的，則為西漢哀帝元壽元年（西元前二年）至今年（一九九八年），正好是佛教漢傳第二千年，所以我們舉辦這次兩岸佛教學術研討會以資紀念。有史可考的始有漢譯佛經，則為後漢明帝永平十年（西元六十七年）迦葉摩騰及竺法蘭來到洛陽，於白馬寺譯出《四十二章經》。

傳到藏地則再晚六百多年，於唐太宗貞觀十五年（西元六四一年）左右，分別從漢地及尼泊爾伴隨公主下嫁藏王而傳入佛教。

直到西元第八世紀末（西元七九二年），還有印度僧與漢僧的一場頓和漸的公開大辯論，那是藏王赤松德贊親自主持的，留下的雙方紀錄，都說對方落敗。來自印度的是寂護的弟子蓮華戒，來自漢地的是禪宗的大乘和尚（拙著《西藏的佛教》二七四頁；巴宙《大乘二十二問之研究》上卷）。不論那場辯論的勝負屬誰，當時的藏王尚對居住敦煌的曇曠馳書問法，表示對於漢傳的禪宗，並未忽略。但在西元第八世紀之後，印度的密教便源源不絕地傳到西藏，形成了藏傳佛教的特色。

因此，佛教文化的開展，分作三大系：1.南傳巴利文系的上座部。2.北傳由梵文漢譯的大乘佛教。3.藏傳由梵文藏譯的密教。若以時代區分，南傳巴利文系是印度早期的部派佛教，即所謂小乘；漢傳梵文系是印度中期的大乘佛教；藏傳梵文系是印度晚期的大乘密教。

其實此三系的內容，都曾傳入到了漢地，唯中國的漢文化背景，對於小乘佛教及大乘密教，似乎不能吸收消化，所以部派佛教的阿毘達磨繁瑣哲學，在漢地無法弘揚。

晚期大乘的密教，在傳入西藏的同時，漢地也有唐玄宗時代的所謂開元三大士：善無畏、金剛智、不空，他們傳入大量的密教聖典，此後隨著蒙古人統治中國而第二度將藏傳密教由蒙古民族帶入漢地，可是迄今未能在漢文化中生根立足。

此三系的佛教，南傳的經過錫蘭（今日的斯里蘭卡）及緬甸而至柬埔寨、泰、寮、印尼。藏傳的經西藏，而傳至尼泊爾、錫金、不丹、印度的拉達克、喀什米爾、蘇聯境內的布里亞德、內外蒙古的蒙古族，在中國境內則隨著藏族所至之處，都是密教化區，除了藏地，還包括青海、甘肅、四川、雲南。漢傳的則從北方的陸路及南方的海路，傳到中原，再經韓國而東傳日本，另由中國而南傳雲南的大理，以及越南。

在此三系之中，南傳的沒有發展譯經事業，直到現在，南方各國雖各有使用的語文，所用的佛教聖典，卻還全是巴利文的原文語音。而在中國境內的漢傳及藏傳這兩大系統的佛教，因譯經事業相當發達，都有大量的聖典由梵文譯出，也都有大量的著作是經過祖師大德們消化後的產物，所以都已經不是印度佛教的原貌。

印度佛教的最殊勝處，是中期大乘，偉大的論師輩出，從竺法護、鳩摩羅什等東來，法顯、玄奘、義淨等西去求法歸國（西元二六五—六九三年），大約四百三十年之間，是中國佛教的成長至成熟期，也是印度大乘空、有二系龍象人才輩出的時代。例如空系的中觀學，有龍樹、提婆、羅睺羅跋陀羅、婆藪、青目、僧護，至佛護及清辨而成立中觀派之後，即與密教會流，包括月稱、寂天、寂護、蓮華戒等。再如有宗的唯識學，則有彌勒、無著、世親、護法、安慧、陳那、難陀、法稱、戒賢而傳至中國的玄奘。這些大師們，都有極高度的智辯學問，所撰的論著非常豐富，其中除了幾部論著如月稱、寂天、法稱等較晚出生的大師著作，較少譯成漢文而譯成了藏文之外，大都皆可於漢譯的典籍中找到。老實說，唯有這一階段的大乘佛教，是純粹的佛教，所以太虛大師說：「三時之中，最能表明完全佛教之精神者，即第二時。」（《現代佛教學術叢刊》十八冊三十一頁）

到了第八世紀以後的晚期大乘，為迎合印度教的衝擊，而不得不接受了許多外教的東西，因而形成了左道密教；此在藏地也可以傳持，在漢文化中則不容易生存了。印度密教依靠偏安南印度的波羅王朝五百年，由鼎盛而至衰亡，到十二世紀末，佛教便在印度境內絕跡了。

## 成為漢文化的主流之一

佛教在印度流傳了一千七百年，由於不再能夠為印度社會提供新的文化契機，終因老化而至衰亡。可是對於東南亞及東北亞諸國，佛教卻是取之不盡、用之不竭的新文化。南亞諸國及西藏地區，除了佛教文化，只有土著的原始宗教，而且唯有佛教文化，才能充實他們的精神生活，提昇他們的倫理道德，滿足他們的求知欲望。

在漢地，雖然已有儒、道兩家極高度的文化背景，不過佛教的傳入，不僅沒有損害到本土文化，反而滋養了本土文化。佛教傳入中國，非但沒有被中國文化所同化而消失，反而由於儒、道文化的激揚，而獲得了新生命，成為中國漢文化中的三大主流之一。它的成就以及對東亞文化圈的影響力，不用說超過了道家，甚至有些地方也超過了儒家。三大主流文化隨著政治力的擴展及經濟貿易的交往，不僅同化了許多偏遠地區的少數民族，也隨著外交官、商人、聯姻等關係，以及僧侶的旅行、求法、遊化，而輸出到比鄰的幾個國家或地區。至於道家，特別是道教，就不像儒、佛兩家那樣受到韓、日等國的重視。

由於漢傳佛教伴著漢文化的成長而成長，也隨著漢文化的傳播而傳播，它已不是印度佛教，而是道地的中國佛教。它雖沒有否定印度佛教是其源頭的母體，但已完全能夠獨立，不像藏傳佛教，老是覺得還保留著一根印度的臍帶。雖然藏傳佛教之中，也有若干漢傳佛教的成分，但他們總認為印度晚期的密教才是最究竟的。縱然佛教在印度已經滅亡了約八百年，今天尚有這一種情結遺留在藏人的意識之中。因此，談起藏傳佛教，大概會予人就是印度晚期大乘佛教的印象。若談起漢傳佛教，便代表著印度中期的大乘佛教，也代表著北傳佛教，其實，藏傳佛教也是中國北傳佛教的另一系統。

漢傳佛教，雖經過約一千年的翻譯，才由於印度佛教的滅亡而終止了譯經事業，但是漢傳佛教的成長是在魏晉南北朝的三百年之間，漢傳佛教的成熟是在隋代及至中唐期間，所謂中國佛教的大乘八宗，都是在成熟期中形成的。

（一）隋代的智顗（西元五三八—五九七年）開創天台宗。

（二）吉藏（西元五四九—六二三年）開創三論宗。

（三）隋唐之間的道綽（西元五六二—六四五年）及善導（西元六一三—六八一年）開創了淨土宗。

（四）唐初的道宣（西元五九六—六六七年）開創了四分律宗。

（五）法相宗由玄奘三藏（西元六〇二—六六四年）從印度引進中國，完成一宗之說的是他的弟子窺基（西元六三二—六八二年）。

（六）唐初的杜順（西元五五七—六四〇年）、智儼（西元六〇二—六六八年）、法藏（西元六四三—七一二年）累續發展而開出了華嚴宗。

（七）禪宗雖起於梁武帝世（西元五〇二年即位，五四九年歿）菩提達摩來華，為第一代祖師，其實要到唐高宗迄唐玄宗之世的六祖惠能（西元六三八—七一三年）及其門下的荷澤神會（西元六八四—七五八年）、青原行思（西元六七一—七四〇年）、南嶽懷讓（西元六七七—七四四年）等人，才正式完成。

（八）密宗在中國完成了組織化及體系化之各種聖典的傳譯者，是有開元三大士之稱的善無畏（西元六三七—七三五年）、金剛智（西元六七一—七四一年）、不空（西元七〇五—七七四年）。

由此可見，中國漢傳佛教大乘八宗的完成，是在隋代迄中唐的二百年之間。嗣後便進入中國佛教的爛熟期，大乘八宗之中，也只剩禪宗一枝獨秀了。

## 譯經助長了漢文化的發展

漢傳佛教的譯經事業，持續了一千年，魏晉以前為萌芽期，南北朝時代為成長期，隋唐時代為成熟期。其中主要的偉大譯師有五位，也都是出現在西元第三世紀中至第八世紀初的四百四十年之間，那就是：1. 鳩摩羅什（西元三四四—四一三年）、2. 真諦（西元四九九—五六九年）、3.玄奘、4.不空、5.義淨（西元六三五—七一三年）。前兩位出現於南北朝時代，後三位出現於初唐迄中唐期間。

漢傳佛教的譯經工程，實在非常艱鉅，由於印度梵文與中國漢文的文法結構不同，思惟方法各異，文化背景更有差距，要做到翻譯文學的三大要點「信、達、雅」，真是困難，選詞、用字、構句，都要煞費周章。尤其是人名、地名、咒語、特殊用語、一語多義等，到了玄奘三藏時代的大譯場中，始訂定「五種不翻」（祕密、含多義、此方無、順古、生善）的原則。在梵文原典，不僅是宗教的，也有極高的文學價值。

歷代從事翻譯佛典的名家，都有深厚的漢文學基礎，譯經的工作，為漢文化中帶來了極多的詞彙，創新了漢文的體裁，擴大了想像的視野，開拓了人生的境界，豐富了宗教、哲學及倫理學的層面。無怪乎每一位譯經大師出現之際，便有許多傑出的知識分子，成了他們的助手。

大型的譯經場，組織分工相當嚴密，共有譯主、證義、證文、書字、筆受、綴文、參譯、刊定、潤文、梵唄等十個部門（任繼愈先生〈佛經的翻譯〉）。按理漢文與梵文是可以對讀無誤的，而事實上，為了適應漢民族的固有文化，也希望能夠讓習慣於漢文化的人願意接受佛教，所以有許多詞句已經漢化了，有些是被漢文美化了的裝飾詞，有的為了利於讀經者的了解而用註釋性的翻譯，有的是將文句前後倒裝，有的偈頌分句也加以上下更動。因為古漢文的韻文，講究字數排列的對稱整齊，便將原文原句分割。

若將梵文、漢文、藏文來對讀同一部經，就會明顯地看出由於三種文化的思惟方法各異，而各有其個性（參考中村元《東洋人的思惟方法》），對於原典翻譯的理解也會因人而異。這也就是為什麼有些經典被翻了再翻，例如《心經》就有十一種譯本，因為後人對前人的譯文不滿，所以重譯再重譯。當然，有的則是發現了同經異本的梵文原典，所以重譯。

佛教聖典，是在佛滅後，經過多次的結集而被流傳下來的。釋迦世尊住世時代並未有撰寫成文的經典，但是他對僧俗四眾的弟子們，應機說法四十多年，在佛入滅之後，便由大迦葉於王舍城七葉窟，召開了五百羅漢的第一結集大會；接著有耶舍長老於毘舍離召開了七百人的第二次結集大會。之後，始有制式的經律傳誦，但也開始了分部分派的形勢。

佛滅後一百多年的阿育王時代，禮請目犍連子帝須為上座，於華氏城召開了一千人的第三次結集大會，費時九個月，據說南傳的《論事》，便是此一大會中的成果。到了阿育王之後三百多年，西北印度的迦膩色迦王時代，由於部派林立，眾說紛紜，便以世友菩薩為上首，集五百羅漢，依一切有部造《大毘婆沙論》，稱為第四次結集。

所謂結集，有兩項重要任務：1.將散雜龐大的聖典整理編輯成整套有組織的三藏。2.將各派各處的私計和部計，做釐清訂正，讓佛法保持純粹，讓大眾有所遵行。可是類似的結集大會，僅行於佛滅之後四、五百年的原始佛教及部派佛教時代，到了大乘佛教，便無第五次結集的事情發生了。不過雖無結集之名與結集之事，確有另一種型態的方式出現。

早期的結集是以集體的會議，完成共同的成果，大乘佛教時代，乃由若干大師們，以個人的智慧重新總理三乘的體系，例如印度的龍樹及提婆之闡中觀，彌勒、無著及世親之揚唯識。他們涉覽深廣，博聞強記，思辯無礙，命筆造論，動輒數十萬頌。故龍樹及世親，並為後世譽為千部論主。他們都是依據一種或數種根本經典為中心，整合全體大、小乘經論，統理而成為他們自宗的一家之教。例如《大智度論》、《瑜伽師地論》，都有上百卷的大格局。

佛教傳入漢地之後，首先遇到儒、道二家的抗拒，因此，為了在漢地生根，只得入境隨俗，投合漢文化，運用漢文，模擬漢文化。佛教的盡量漢化結果，使孝道的提倡、祖先的超薦祭祀，乃至僧尼的生活方式及衣著也跟著漢化；不僅沒有破壞漢文化，而且助長了漢文化的發展。在整合龐大的佛教思想方面，也有不少像印度大乘佛教那般的大師級人才出來，那就是大乘八宗的開創者。

他們各自都有所依的經論，做為立宗的依歸，註疏立說。他們雖不會蓄意將佛教改頭換面，卻自然而然形成了漢文化中的佛教。如果是保持印度原貌性質太強的宗派，傳承不了多久，便會後繼無人而告中絕，例如三論宗、唯識法相宗、密宗等便是如此。至於天台宗、律宗、華嚴宗，也沒有成為中國社會大眾的普遍信仰。唯有禪宗最受崇尚簡約的漢文化所激賞。

禪宗吸收了各宗的精華，非常簡樸地奉獻給社會大眾，讓中國人受益於平常日用中。初期的禪宗是依據印度經典的，後來則以中國的祖師語錄為主，例如《碧巖錄》、《臨濟錄》所引用的論證及例證，出自經論的百分比極少，大多是引用中國的祖師語錄，至此，佛教完全漢化了。

## 憑藉教義內涵普遍弘傳

佛教漢化的完成，乃是經過魏晉南北朝的醞釀，迄隋唐時代才陸續形成。其實，漢傳佛教原先共有大小十三宗。除了以上所舉的八宗之外，尚有以東晉時代的道生為主的涅槃宗，以《涅槃經》為依歸。鳩摩羅什門下的僧導及僧嵩等人，依《成實論》創立成實宗。以《十地論》為依歸，出現南、北兩派地論宗；南道派主將慧光，北道派的主將是道寵。而以《攝大乘論》為依歸，由真諦三藏的弟子群建立了攝論宗。玄奘編譯出的《成唯識論》，由其門下的窺基等成立了法相宗。玄奘譯出

《俱舍論》，由其門下的普光、法寶、神泰等，加以註疏，成立了俱舍宗。如此的五宗，雖各有若干部論疏，唯其傳持不久，便漸衰弱，有的被淘汰，有的成了同性質的大乘宗派一個階梯，階段性的任務完畢，便衰退了。例如成實宗流入三論宗，地論宗為華嚴學派所攝，俱舍宗終被唯識宗的光芒淹沒，涅槃宗則由於天台宗也重視《涅槃經》而告衰退。

天台宗的智顗，依《法華》、《涅槃》、《大品般若》諸經及《中論》、《大智度論》等，著有三大部五小部等大量作品，建立三止三觀的實踐體系，五時八教的教理體系，判攝釋尊的一代時教，氣勢壯闊，對於教法的統合整理，所做的貢獻，在中國佛教史上，堪稱空前。

華嚴宗是承受北道派的地論宗，以及攝論宗和唯識學派的影響而產生，到賢首法藏（西元六四三—七一二年）而集大成，著有《華嚴探玄記》、《華嚴五教章》等許多部書，都是組織嚴謹，思惟縝密而廣徵博引。

天台宗主張性具，華嚴宗主張性起，兩家都提倡觀行，兩家又都主張淨土信仰。到了宋初，又有一位永明延壽禪師（西元九〇四—九七五年）出現，他以《楞伽經》「佛語心為宗」的禪宗立場，又以《華嚴經》的角度，融合大小諸宗，所謂性相合流；匯歸於由「頓悟成佛」而至「一念成佛」的禪淨雙修，完成一百卷的大書《宗鏡錄》。此在漢傳佛教史上，應該也都是一次又一次地結集。到了明末的蕅益智旭（西元一五九九—一六五五年），繼永明延壽的餘緒，也主張性相融會，整合包括天台性具、唯識法相、禪宗、律宗，而歸淨土；又整合全體三藏聖典，撰有一部《閱藏知津》，也可算是一次聖教的結集。

佛教文化，所以能夠不藉武力和經濟力的威脅利誘，純粹憑藉它的教義內涵而弘遍亞洲諸國，如今也受到西半球歐美人士的歡迎，其原因就在於佛教的適應力強，彈性度高，遇到任何狀況，都會保持無我而尊重對方的立場，講空，也講有；講解脫，也講入世；講出俗，也講隨俗。特別是佛法不違世法而淨化人間，佛教徒弘法不為自己求名聞利養和權力地位，但為人間大眾離煩惱之苦、得解脫之樂；只希望能有為人付出、奉獻的機會，不與人爭長論短，比高比低。所以到了中國，對於儒、道二家的固有文化，一向站在肯定的立場，稱之為人天善法，也是佛法的共同基礎。

這是因為大乘佛法，有四依的教誡，所以不強調對於佛陀的人格的崇拜，也不強調對於佛語神聖的待遇，更不會強調某些特定的歷史人物要被當作神格來信仰。佛在《阿含經》中就已說到，佛以法為尊，而緣起思想是法的重點，緣起法能使人悟見空性而解無明煩惱，所以「見緣起即見法，見法即見佛」。

所謂四依，見於《維摩經．法供養品》、《大般涅槃經》卷六、《大智度論》卷九等，那是：1.依法不依人，2.依智不依識，3.依義不依語，4.依了義不依不了義。在此四依中，「依法不依人」是被用得最多、最普遍的。

既然是「依法不依人」，只要能與佛法的立場及原則相應，不論是佛說或是任何人說的道理，都能被佛教徒接受。尤其從大乘佛法的觀點而言，佛法可以有五個層次，即是：1.人，2.天，3.聲聞，4.緣覺，5.菩薩。人及天的善法，是五乘的共法，聲聞、緣覺雖被稱為小乘，卻又是大乘菩薩的基礎。所以佛教傳播到任何一個民族文化之中，都不會排斥當地的原有文化，倒是能夠提昇當地文化的層次，豐富當地文化的內涵，能與當地文化結合融會，給當地文化帶來新的生機。這一點，可以從佛教傳入中國的漢、藏兩個文化圈中，所產生的力量得到充分的證明。更可以從中國的大乘佛法，延伸到韓、日等國，而成為該等國家的新文化，得到證明。

## 佛教化的儒、道二家

佛教傳入中國的過程之中，雖曾數度被儒、道二家所抵制，結果反讓佛教適應了中國文化，例如印度僧侶是以沿門托鉢，來取得生活所需；到了中國則除了接受信施供養，主要的是靠自耕自食，自給自足。沙門不敬王者，是印度的禮俗，到了中國，漸漸地也能相安無事，原則上不拜王者，若為情勢所逼，則把王者當佛菩薩的化現來看待。印度佛教原無祭祀祖先的信仰；到了中國則順應了中國的孝道思想，也做慎終追遠、報恩思親的佛事。印度的沙門衣著，都是用整片的布匹纏裹及披覆，而且只許三件；到了中國，則除了在上殿過堂等儀典場合，也要披搭袈裟之外，平時都穿漢式的海青、褂褲。印度的僧房中不得有烹飪炊煮的行為；到了中國的佛寺，則有廚庫及齋堂的配置了。凡此種種都是佛教適應中國環境而變成漢化的事實。這使得佛教認同了中國文化，中國人也漸漸地接受了佛教，佛教徒都會說：「我們中國佛教。」中國人也漸漸地不會再說：「你們印度來的佛教。」

儒、道二家，先期是據於夷夏之別，認為佛教是外來的異端而加以排斥，但是這個外來文化，的確有其令人無法抗拒的生命活力，所以經過魏晉南北朝而至隋唐時代，佛教文化幾乎取代了儒家文化，而居於中國主流思潮的地位。對於研究中國哲學史及文化史的學者們而言，可能也會接受這樣的觀點。以致胡適之先生在研究中國哲學史時，寫了上冊，就不易著筆撰寫下冊了。隋唐時代的中國哲學，便是佛教，必須深入研究，始能有獨到的見地。

事實上，當佛教文化在中國盛極一個階段大約兩百年之後，便為中國的儒家，帶來了文藝復興的契機，那便是由程、朱、陸、王等諸先賢興起的宋明理學，這些人都是飽讀釋氏之書而倡導儒家之說的，雖然還是高舉反佛的旗號，但他們說心論性，根本就是佛化了的儒者，王陽明的「知行合一」說，就是佛教主張的解行並重、福慧雙運、定慧不二的套版。如果沒有佛教，就不可能有這批宋明的儒者，尤其受到禪宗的影響很深，因此，禪宗有公案、燈錄，理學家們也有學案、語錄。

再說道家，原非宗教，是以符籙、圖讖、煉丹等方術，結合民間多神信仰而形成的道教，除了依附老莊之說，為其思想背景，本身不具備高級宗教的條件。由於受到佛教的影響，自宋朝開始也完成了一套《道藏》，但是依據日本當代學者鎌田茂雄博士編的《道藏內佛教思想資料集成》顯示，宋朝開始編成的《道藏》，其中有七十多部道經，是依據佛經改寫的；所謂改寫，僅是把若干佛教的專有名詞，改為道教化的名詞，再更動一些章節。有的連經名也照佛經原稱抄取，如《本行集經》、《父母恩重經》、《法華經》、《金光明經》等。因此，也可以說，佛經使得道教佛化，沒有佛教的三藏聖典，恐怕也就難以編成卷帙龐大的《道藏》。雖名為三洞十二部經，也是仿自佛教的三藏十二部。

到了南宋時代，有一位名叫王重陽的道士，在北方遼金的統治下，創立全真教，與南方江西龍虎山張天師派的道教分庭抗禮，主張過出家生活，在實力上超過在家型態的張天師派，也就是現在北京市內的白雲觀派。他們以《道德經》、《孝經》、《心經》教人，出家道士的共住生活規約則比照禪宗，名為「清規」，其中所列的項目名稱，也採取了不少《禪苑清規》的術語，例如「開靜」、「安單」、「出坡」、「常住」、「十方」等，白雲觀的建築配置，也仿禪宗的叢林，可以說全真教是接受了佛化的道教。

中國是大乘佛教的第二母國，它在中國立足生根，滋長發展，豐富了中國文化的內涵，中國文化也促成了佛教的轉型，乃是互為因果而共同成長的。經由佛教的傳播，印度、西域的文化漸漸地被中國民族吸收、同化、創新。當時中國人看佛教文化東來，猶如現代人對於歐美科技文明的態度，可謂如飢如渴。經中國消化後的佛教，便被傳往韓國及日本，也充實了這兩個國家的文化內容。

## 受人注目的新領域

佛教在中國，到了宋明時代，即走下坡，固由於儒家的排佛運動，也由於佛教沒有出現人才。直到明末清初，始有若干位僧俗龍象，復興了佛教，但也未能創新佛教的思想層面。到了民國初年，整個中華民族都受到了西方科技文明及民主思潮衝擊，又掀起了時代的革新運動，便有幾位僧俗先驅起來響應，例如：太虛大師號召教制與教理的改革，支那內學院一班學者復興唯識學，印順法師把佛學的焦點回歸到印度的中觀學，若干學者引介日本的現代佛學，若干學者選譯南傳的巴利文藏經，也有法尊法師等人譯介西藏佛學。

文革前後的時代，則有一班知識分子以唯物史觀的角度撻伐中國佛學，尚有以熊十力先生為首的學者，站在新儒學的立場批判佛學。不過，不論從正面闡揚佛學，或從反面體檢佛教，佛教受到現代人的研究，則是事實。也由於有人能從多種不同的角度來研究佛教，探討佛學，便使佛教有了反省的機會，也有了新生的機會。

到目前為止，佛教的漢傳、藏傳、南傳的三個傳統之間，都已有了互相交往的管道，也都希望能夠學到彼此的長處，以彌補各自的短處；多半已不會光強調自家的優點而否定他宗的優點。學術的交流，能夠減少故步自封、夜郎自大的心態，並能隨時引進活泉活水，灌溉各自的苗圃，否則便會日漸枯萎而面臨滅亡的危機。

今天的佛教，在國際間，雖尚不是熱門的顯學，但也不是冷門落日之學；佛教徒的教育環境及教育修養，普遍提高，東、西方的科學家、哲學家、文學家、宗教家之中，也有不少人涉獵佛教的經論。不僅佛教團體創辦研究所及大學，就是一般著名的大學，也已開設佛學課程。

因此，不僅在漢、藏及南傳之間互補互動，也與其他宗教之間互補互動，我本人也常出席類似的對談會，甚至有一所大學邀請我演講「中國佛教與後現代主義」的主題，所以可以斷言，即將來臨的二十一世紀，佛學也將會成為受世人注目的一大新領域。

（一九九八年九月發表於北京中國社會科學院世界宗教研究所，紀念佛教傳入中國二千年——海峽兩岸佛教學術會議，刊於《人生》一八二期）

# 從印度到中國的佛教

大家都知道，現在的世界佛教，雖有南傳與北傳之分，但其二者都是發源於印度的釋迦牟尼佛。佛入滅的年代有不同的記載，現行世界通用的是以西元前五四四年，為佛滅紀元元年。

南傳與北傳佛教分頭弘傳的明顯時間，大約是佛滅後一一六年或一一八年，阿育王統治印度時代，僧團中因為發生了對於正法律的認知不同，而分為長老比丘的上座部及少壯比丘的大眾部。後來再由此二部分出了十多個部派或二十多個部派。原則上每一個部派都各有自家所傳承的律藏及法藏，但是，流傳到現在的，主要是屬於少數幾個部派。

傳到南亞地區的佛教，是屬於上座部的支派，也比較接近於根本的原始佛教。傳到印度西北方，再傳入中國而被翻譯成漢文的三藏聖典，則有來自不同部派的部派聖典及陸續發展出來的大乘聖典。

佛法本來只有一味，便是解脫味，也就是以修行戒、定、慧而從貪欲、瞋念、愚癡等煩惱獲得解脫；使自己解脫是無我的智慧，令他人得解脫是平等的慈悲。

有人主張「大乘佛教非佛說」，而大乘經典的結集，的確是在南傳的《尼柯耶》（*Nikāya*）或北傳的《阿含》（*Āgama*）之後。有幾種大乘經典，也的確是以菩薩為說法的主角，而不是由釋迦牟尼佛親口所說。但是，大乘經典的背景思想，不會脫離基礎佛法的四聖諦、十二因緣、八正道，也不會違背苦、空、無常、無我的原則。它所不同於初期佛教的，是將素樸的佛法，予以組織的、邏輯的、哲學思辯的、文學技巧的強化及深化，並將解脫的定義，給予更大的解釋空間，尤其是將成佛的觀念普及化，又將涅槃的意涵層次化了。

換言之，大乘佛教特別著重在廣度眾生的信念和願力，所以不僅求取個人的解脫，尤其重視眾生皆得解脫，例如主張：「自己未度先度人，是為菩薩初發心。」又有說：「不為自己求安樂，但願眾生得離苦。」因為《大般涅槃經》有說「眾生悉有佛性」，大乘佛教便相信一切眾生必將都能成佛，甚至而有「眾生度盡，方證菩提成佛」的菩薩誓願。因此也有人批評大乘佛教是菩薩的教法而非佛的教法。不過，成佛必須先修菩薩道，菩薩道之中必有解脫道，否則便不是菩薩道，而僅是世間的有漏善法。

又如「涅槃」一詞，在早期結集的聖典中，是指出離三界的五蘊、十二處、十八界，也就是從五蘊的身心獲得解脫，進入寂滅，不再回到生死中來。但是在大乘聖典中，涅槃有二個層次，以上所說的是第一個層次；不受生死煩惱的束縛而仍能在生死中，隨時隨處，因應眾生的需求，普遍度眾生、永遠度眾生，這是第二個層次的大乘涅槃。

大乘佛教教理思想的發展，與釋迦牟尼佛所說的根本教法無法分割。印度的大乘佛教，大致可分作：一、中觀哲學；二、唯識哲學；三、如來藏哲學，共有三大系統。

中觀哲學，又名為中觀學派，主張諸法無自性的空，此乃是依據十二因緣的「此有故彼有，此滅故彼滅」而產生，所以龍樹的名著《中觀論》，便是以四諦十二因緣為其中心架構。只是諸法自性空的「空」義，要比基本佛法所說的空，更加透徹和廣泛了。

唯識哲學，又名為瑜伽學派，主張三界虛妄，唯識所變；轉識成智，即能成佛。這是從五蘊的識蘊、十八界的意根、法塵、意識而發展出來的阿賴耶識思想；是由業感緣起，轉化成為阿賴耶緣起。目的仍是觀緣起法，而出離三界的虛妄執著，便能不被三界所染著，便能自由出入三界，廣度與佛法有緣的眾生。

如來藏哲學，主張一切眾生的本性，皆與諸佛相同，稱為佛性，只因為無始無明的覆蓋，所以不知有此佛性；若能聞法修習，而悟見佛性，即知自己所見的佛性，與諸佛所證的佛性無異，這個「佛性」，即是如來藏的另一個名稱。這派的哲學，也是淵源於釋迦牟尼佛所說的緣起思想。因為《佛地經論》中有說：「若見緣起即見法性，若見法性即見諸佛。」緣起的諸法，無一不是無常，因為無常，所以是空。

中觀哲學主張「諸法自性空」，諸法是遍指一切有為法及無為法，若能實證「諸法皆空」，即知此空，在器世間的無情諸物，名為法性；在有情世間的一切眾生，名為佛性；在無漏無為的解脫寂滅，名為空性。如果有人能夠聽聞佛法、思惟佛法、修習佛法、而實證諸法的本性是空，便是悟見了如來藏中的佛性，便會深信自己必將於未來成佛。

以上三大派系的大乘學派，都相繼傳入了中國，再由中國傳到了韓國、日本及越南。此三大學派之中，最受東亞民族歡迎的，乃是如來藏思想。因此，在中國佛教的發展史上，中觀學派及唯識學派，未能成為主流信仰。如來藏學派，在印度本土的流布傳承，並不十分明確，倒是在中國，卻衍生出了天台、華嚴、淨土以及禪宗等諸大學派；尤其是禪宗，幾乎已是中國佛教的代名詞。禪宗的盛行狀況，可由全中國處處有禪寺的現象得知，其他學派的專屬寺院則是非常少的。

中國的禪宗，雖然也有五派或七流之分，主要的是主張頓悟成佛。頓悟，近似介於慧解脫與俱解脫之間；若不能於聞法的當下開慧眼而悟見空性（佛性），便須用數息、用止觀、用話頭、用默照等方法。中國之所以出現禪宗的原因，是由於中國社會的文化背景，不能認同比丘不事生產，而以沿門托缽來維持身命的生活型態，比丘必須自耕自食，否則佛教便會受到漢民族的排斥。因此而有百丈禪師提倡「一日不作，一日不食」的禪修風氣。禪宗史上最偉大的禪師惠能，他便是從砍柴、舂米的勞務工作中悟道，於是他主張：解脫定與解脫慧的功用，是同時而一體的，是不可分為先後的。

禪宗的修行者，若能深信佛所說的因果法及緣起法，確實體驗觀照一切法都是因果法及緣起法，便能從種種執著獲得釋放，便能處身於千軍萬馬的戰場而心無恐怖，便能面臨五光十色的五欲境界而心不動搖。確實體驗觀照，是觀慧；無恐怖不動搖，是定力。此即是禪宗所說的定慧不二。

中國禪宗的最大特色，是能夠適應不同的時代背景和不同的社會環境，在日常生活之中，可以修行佛法。但是，絕對不是世俗化的佛教，乃是人間化的佛教。

修學佛法的基礎原則是持戒，大乘佛教的戒律，除了受持菩薩戒，也必須受持聲聞戒。菩薩戒的重點是發起成就眾生成佛的大悲誓願；聲聞戒的目的是不造惡業，精修梵行。由凡夫至成佛的時間，須經三大阿僧祇劫，由凡夫證阿羅漢果的時間，則經三生六十劫。雖說眾生皆有佛性，成佛卻不是那樣容易的事。因此，聲聞戒受持到此身死亡時即自然捨戒，受持菩薩戒則直到成佛時不捨戒。

（二〇〇五年五月六日講於泰國朱拉隆功佛教大學畢業典禮，收錄於《二〇〇五法鼓山年鑑》）

# 佛教傳入對中國文化的影響

## 一、中國的哲學及宗教

佛教傳入中國，始於秦漢時代，在這之前，中國已有先秦諸子的所謂百家爭鳴。到了秦漢時代，則以儒、道二家為中國的主流思想。以哲學而言，儒家是人文主義，道家是自然主義；以宗教而言，儒家是屬於泛神論的，道家是屬於自然神論的。嚴格地說，儒家的「祭神如神在」，對於神鬼等宗教現象是存而不論的，乃是基於天、地、人，三才的宇宙觀及人生觀，才有祭天地及祖先的宗教禮儀。

道家有二流，其中一流是純粹的老莊哲學派，雖然也有天及神仙之說，宗教色彩卻很淡薄；另一流則是從民間信仰結合了方士術數而形成的天師道，雖然也援用老莊哲學，卻更偏重於種種人格神的宗教信仰。儒家及老莊的天，是宇宙本元或自然本體的代名詞，道教的神仙，則都是人格化的崇拜對象了。

## 二、佛教的哲學及宗教

佛教在印度發生了五百年之後，始東傳到漢地，當時的印度佛教，已從素樸的原始佛教，經過整理、組織、編纂、分流傳播的部派佛教時代，再經過好幾位大宗教家兼大思想家的詮釋、開拓、發展、重新整合，而出現了大乘佛教，這些成果，亦陸續地傳入了中國。

就原則而言，佛教的哲學是以「此有故彼有，此無故彼無」的緣生論或緣起論為骨幹的，看宇宙萬物，不講本體論和現象論，而講有因有緣，生諸現象，無因無緣，則萬物不生。佛教看宇宙人生，不相信是出於特定人格神的創造，也不相信是自然而有、忽然而有的，亦不以為由混元一氣化成陰陽二儀之說的正確性，乃是主張天體無窮無邊，眾生無始無量。

佛教的宗教信仰，既不承認一神論的宇宙創造神，也不否定一切人格神的存在，佛教既不是泛神論和一神論，也絕不是多神論。佛教基於眾生平等的信念，認為眾生雖由於智慧及福德資源的深淺多少之不同，而有種種層次的差別，原則上來說，諸佛菩薩也是在眾生群中。諸佛菩薩，不是主宰宇宙萬物的神，而是教化、誘導、協助眾生離苦得樂的導師、善友，也是最可信賴、不求回饋的布施者及救助者。佛教看待各個宗教所崇拜的各型、各類、各個層級的神，不論是一神、二神、多神，亦都是眾生的流類。因為佛教將眾生區分為凡眾與聖眾二大類，天地神祇、一切人、一切動物，以及鬼和地獄，都屬凡類；諸佛、諸菩薩、諸阿羅漢，則屬聖類，凡聖的不同，端在於智和愚的差別，只要凡夫轉愚癡的煩惱成為智慧的菩提，便是覺者，便成聖者。

## 三、佛教對儒、道二家的影響

正由於佛教是外來的新哲學和新宗教，首遭衝擊的便是儒、道二家，因此，便對佛教展開了排斥的攻勢，一直延續到二十世紀初葉，那便是所謂夷夏之辨、所謂胡漢之爭，所謂入世與遁世的纏訟，所謂治世與戀世、化世與厭世的論戰。於是，促使佛教肯定儒、道二教、接納儒、道二教、應用儒、道二教，完成了具有中國特色的大乘各宗派，例如天台、華嚴、淨土等各宗，尤其是禪宗，不僅思想適應了漢文化，佛教徒的生活型態，也完全漢化了。

事實上，從魏晉南北朝以迄唐宋的階段，佛教曾經是凌駕於儒、道二教之上的顯學，中國傑出的思想家，幾乎都出於佛教。不論是理論或實踐層面，不論在士大夫階層或普遍的民間，佛教儼然已是中國哲學及宗教的一大主流。因此，若從相反的角度而言，儒、道二教又何嘗不是受到佛教的影響，吸收消化而產生了新的內容和新的氣象。

就儒教來說，原先是排斥佛教的，接著由於研究佛學、接觸了佛教高僧，轉而受到佛教的影響，將佛學變成了儒學的新補品，中唐時代（第八世紀）的韓愈即是首例，他與其弟子李翺，乃是宋明新儒學論心說性的先驅。其實《大學》的「正心」、「誠意」之說，《孟子》的「人性本善」之說，與佛法所指之心與性，是字同而義不同的，到了宋明道學家的心性之說，則類於佛教的禪宗所說了。又如在孔孟老莊所說的聖人，大抵指的是仁君聖王，不屬於宗教性，到了宋明道學家所稱的聖人，便是宗教性的人格對象了。因此馮友蘭的《中國哲學史》第二篇第十章便說：「李翺及宋明道學家所說之聖人，皆非倫理的，而為宗教的或神祕的。……達到其修養至高之境界，即與宇宙合一之境界。蓋如何乃能成佛乃當時所認為有興趣之問題。」

至於佛教對道教的影響，可能較諸於儒教所受的影響，有過之而無不及。道教的源頭，雖出於老莊及方士術數，然其形成宗教的理論體系及組織架構，應在佛教傳入之後。在現存《道藏》中的許多文獻，非常明顯地是模仿或採用了佛經與佛理，胡適先生說陶弘景的《真誥》，引用了佛教的《四十二章經》。此外如《靈寶經》的成立，是受《法華經》的影響；《太玄真一本際經》的「道性」說，是受佛教「法性」說的影響，並且也採納佛教的般若及空觀思想；佛教的《大涅槃經》有謂：「一切眾生悉有佛性。」道教的《海空智藏經》則謂「一切眾生，皆有道性」；在初唐時代集成的《道教義樞》之中，運用了大量的佛教名相，例如三界、三寶、三學、四大、五濁、五陰、六根、六度等。因此，到了南宋時代的王重陽，便開了新道教，名為全真教，完全比照禪宗的叢林規制，設立道院，既用佛學名相，也誦佛經，甚至於道士也到佛寺掛單，隨僧眾生活作息，一點也不扞格。

## 四、佛教對中國文學藝術的影響

佛教傳入中國五百年之後，漸漸地全面漢化，除了唯識學派及真言密宗，由於與中國文化不太相應，而未能持久弘傳之外，其他諸宗，尤其是禪宗，根本就是中國文化環境內的產物。所以在中國人的情感中，早已不會認為佛教是異民族的外來宗教。

佛典的翻譯大業，經過長達一千五、六百多年，對中國文化的影響，是多方面的。例如豐富了漢語的語彙、活潑了漢語的文體，促進了反切法的音韻學，以及中國章回小說的體裁，胡適先生說是受到大乘佛經的影響。至於禪宗語錄公案的形式，似乎是受孔孟老莊的影響，但到宋明新儒家的語錄，稱為「學案」，則是脫胎於禪宗的公案。

禪門大師的語錄，是以通俗的口語，表達簡明超越的生活智慧，這也影響了白話詩及山水畫。禪宗教人以動靜皆自在的安心法門，使得人在行、住、坐、臥的日常生活中，舒卷自如地面對提放得失，稱之為無事人，因此，中國的讀書人，儘管反對佛教，卻大多喜歡禪師們的風格。

佛教以天堂、地獄，因果、輪迴，勸世教善，能夠輔助政治法律之所不足。念佛誦經，移風易俗，已是家喻戶曉。通過俗講、寶卷等的大量宣導，佛教便普及到庶民社會。尤其是觀音菩薩，以及地藏、文殊、普賢等諸大菩薩的靈驗感應，在天下四大名山的烘托下，幾乎已是全民皆知。

而現在在自己生活環境裡的中國人，不論是不是佛教徒，多少都會用到佛教的成語，例如「當頭棒喝」、「不可思議」、「想入非非」、

「回頭是岸」、「如夢初醒」、「老僧常談」等等。總之，佛教對中國文化的影響，是極其深遠的。

（二〇〇五年四月二十六日講於北京清華大學，收錄於《二〇〇五法鼓山年鑑》）

# 中國佛學的特色

## 一、佛教、佛學、佛法、學佛

做為佛的信仰者，看佛的一言一行都是教化眾生的教材，是啟示、是範例、是教導、是教誡，所以將佛的教育教義稱為佛教。但是，通常所說的佛教一詞，乃是指佛教徒的團體組織及制度結構，是用來區別與其他各宗教之不同，例如說世界十大宗教中之佛教。

研究佛教的各種學術，稱為「佛學」，其範圍應該包括對於佛教的教理思想、教團分布、教制結構、歷史演變、語文音義、藝術遺跡等各領域的研究。不過，通常所稱的佛學一詞，僅指佛教的教理思想，是用來區別與其他學派所說學理之不同，例如說佛學不是儒學、道學或神學。

佛為弟子們開示的觀念和方法、道理和施設，都是為了讓弟子們達成離煩惱之苦而得解脫之樂的目的，稱為「佛法」。然而，通常所說的佛法一詞，是指佛教典籍中所用的名相；或者也泛指佛教徒所認知的一切經驗境界，都可稱為佛法，例如所謂：佛觀一切法，無一非佛法；又如說：黃花翠竹，山光水色，無非如來說法的廣長舌相。

佛教的信徒們，必須由信仰佛法，而理解佛法、轉而實踐佛法、而離煩惱之苦得解脫之樂，便稱為學佛；大乘佛教徒們學佛的最高目的，乃是成佛，因此，佛教極度重視信、解、行、證四個學佛歷程。若能恆以佛言、佛行、佛心，做為自己的楷模典範，勉勵自己，持續不斷地照著去練習，便是修學佛法的人。

## 二、佛學的特色

現在僅就佛教的教理思想來談佛學。如眾所周知的，二千五百多年前，佛教發生在印度，由釋迦牟尼悟道成佛，說法度眾生，成立了教團。佛的思想特色，是因他發現了萬法因緣生的道理。在佛之前，及佛之後，許多宗教家及哲學家，對於宇宙人生的起源論，不外乎自然論、一神論、二神論、泛神論、無神論。釋迦牟尼的因緣論或緣起觀，則是他悟見了一切萬物，都是需要相互依存而有成的現象，也是必然相互變遷而有壞的現象，不論是物質的，或是精神的，既沒有是孤起孤滅的，也沒有是恆生恆滅的，相互依存間的關係，稱為因緣。有因有緣一切現象變幻生起，有因有緣一切現象變幻消失。

釋迦牟尼觀察並體驗到世間一切現象，從生理現象到心理現象，從物質現象到精神現象，無一不是出於因緣的互動及因緣的變異。但這絕對不是消極的悲觀論，因為「無常」是因緣生滅的常態，若能了知這點，便能洞察我們的身心及萬事萬物，無一是常久不變的，無一是永恆常在的，所以身心構成的我，也是暫時的，而且是瞬息變化的，是幻有、不是真有，這是假名的我，是生命過程中的工具，並沒有一個真實不變的我。這就構成了佛教的基礎理論：人若不知無常，便有煩惱的執著，若能洞察無常，便知無我，便能離煩惱而證菩提，便能不受生滅現象的變幻所困惑，那便是實證不生不滅的涅槃。因為幻起並不等於實有，幻滅也並不等於沒有，所以如《心經》說的「五蘊（我）皆空」，即是「不生不滅」，即是無常的本身。這是超越了對於生滅現象的執著，卻未必要否定因緣構成的現象。

## 三、中國佛學的特色

所謂中國佛學，即是中國化的佛學，它的特色，便是適應力強，為了適應中國人的思想，佛教的學者曾用儒家及道家的言語來介紹佛學，稱為格義佛教。

印度佛學所講無常及無我的空，是寂滅，是不生不滅，這是中國人很難理解的道理，因此，僧肇就寫了一篇〈不真空論〉，特別是用來闡釋如來藏思想的經論，主張真空不空，主張如實空如實不空，僧肇又主張「寂而常照，照而常寂」，空和寂，並不等於宇宙和人生都沒有了。因為中國人是一向認為「天行健，君子以自強不息」的，宇宙是生生不息的，不能忍受虛空寂靜的。因此發展出華嚴宗的法界緣起論，主張一多相融、大小相攝、前後相應、內外相通，有如梵天宮中的珠網，珠珠相映相入，產生重重無盡的繁興大用。因為中國人是不願意滿足在空寂狀態中的。這一般的論述，可以參看馮友蘭的《中國哲學史》第七章。

早期的印度佛教，只承認釋迦牟尼佛未成佛時名為菩薩，也只有釋迦一人成佛，佛弟子們只能成阿羅漢。到了大乘佛教的《大涅槃經》，才說「一切眾生悉有佛性」。可是，在此經尚未傳譯之前，中國佛教徒中的竺道生，便已大膽地主張，人皆可以頓悟成佛了。這是因為中國人主張「人皆可以為堯舜」，無論何人，只要「行堯之行，言堯之言」，皆是堯。禪宗的神會大師便主張，無論何人，只要有一念與佛心相應，此人在此一念便成正覺的佛。雖然這些思想，與《法華經》的「一稱南無佛，皆已成佛道」，《華嚴經》的「初發（菩提）心時，便成正覺」有關，但其特別受到重視，而且普遍持久地在漢土風行，當然是跟漢文化的背景有關。

## 四、禪學是中國佛學的代表

對於印度的佛教而言，「禪」是巴利語 jhāna「禪那」的音譯，原意譯為靜慮，是修行禪定的層次和結果，它的等級有九個，必須次第漸修，連釋迦牟尼也不例外；禪定的修練，必須居靜室、調飲食、調睡眠、調呼吸、盤腿而坐。這種修行法，只能屬於少數人的，一般大眾，就不容許具備這些條件了；也可以說，這是屬於少數印度人所稱瑜伽士的修行方式。

在中國的社會裡，從來沒有托缽維生的僧侶這種族群，佛教為求在漢文化圈內立足生根、生存發展，必須設法適應中國社會的生活方式，而又能夠達成修學佛法的效果。故於第七、八世紀，出現了純中國化的禪宗，最偉大的一位禪師惠能（西元六三八—七一三年），他不是學問僧，他是一個智慧超絕的樵夫。

從惠能的傳記資料中，未見他有過靜居打坐修禪定的記載，他留有一卷演講錄，被稱為《壇經》，他主張「唯論見性，不論禪定解脫」，他反對「著空」，也不贊成「空心靜坐」的修定方法，他認為「一念修行，自身等佛」。什麼是一念修行？是指「一念智，即般若生」。什麼是般若呢？「一切即一，一即一切，去來自由，心體無滯，即是般若」。他認為成佛並不難，只要「以智慧觀照，於一切法，不取不捨，即是見性成佛道」。什麼是見性，即是見到一切眾生本自具足的佛性。如何見性？「但於自心常起正見，煩惱塵勞常不能染，即是見性」。什麼是正見？便是不取不捨的智慧，有了智慧心，便能悟見佛性，只要「一念悟時，眾生是佛」。又說：「若識自性，一悟即至佛地。」

因為這就是惠能自己的經驗，他在五祖弘忍處一聞《金剛經》所說的「應無所住而生其心」八個字，他即於「言下便悟，頓見真如本性」。由於他的頓悟，不是從苦苦地獨自在山裡打坐中發生的，所以他便提出了「佛法在世間，不離世間覺，離世覓菩提，恰如求兔角」。後來的中國禪者，便主張行住坐臥都是禪，十字街頭好參禪，也有主張喫飯穿衣和砍柴擔水等日常生活，都是修行禪法的方式。

傳統佛教的修行法，是以修定有了基礎，始發般若的智慧，連釋迦牟尼的悟道過程，也是先從修定入手的，惠能卻是一聞「應無所住而生其心」，便頓悟自心即是佛心，所以他主張三昧禪定與般若智慧，是同時而一體的，定是慧之體，慧是定之用，「即慧之時定在慧，即定之時慧在定」。由於中國人對於禪定的「心一境性」，是不能理解的，離群獨居的禪修型態，也不容易被一般中國人所接受，故到惠能的禪學一出現，未久之間，便一支獨秀風行全國，而成了中國佛學的代表。

## 五、中國佛學的適應力特別強

禪宗既成了中國佛學的代表，研究其他各宗的佛學者，也多出於禪寺或寄住於禪寺，因為禪者們最能適應中國的社會環境，不僅在學理上完全漢化，生活型態也完全漢化了，除了穿漢服、讀漢書，百丈禪師更主張「一日不作，一日不食」的農禪制度，自耕自活，自食其力，尚有餘裕，周濟貧困。

雖有儒、道二教，針對佛教做長期的抗拒排斥，佛教學者則大多飽讀儒、道二教的典籍，通儒通道而包容儒、道二教，承認儒、道二教，也是佛教的一個層面。所以，佛教若無適應力，便無生存的空間了。今後所面臨的世界環境，正好又可以對佛教的適應力，做一番考驗。

（二〇〇五年四月二十五日講於北京大學生命科學院，收錄於《二〇〇五法鼓山年鑑》）

# 《法華經》對漢傳佛教的六層意義

《法華經》對漢傳佛教來講，意義非常重大，它的重要性包含了幾層意義：

## 一、天台宗的思想依據

天台宗是以《法華經》為依據，從而開展出基本的架構，即「會三乘歸一乘」、「開權顯實」。《法華經》既融合整體佛教，又將各層次的佛教貫穿起來，成為一個可大可小、能大能小，且貫通大小的整體佛教。這種思想，唯有以《法華經》為依據的天台宗才有。

## 二、主張一切眾生皆能成佛

《法華經．方便品》中有「若人散亂心，入於塔廟中，一稱南無佛，皆已成佛道」的經句，意思是說，如果有人以散亂心，進入寺廟之中，但是因為念了一聲「南無佛」，便足以因此而在未來成佛了。這種說法，對於一般修行人非常具有鼓勵意義。因為一般人認為一定要修成三昧、入定的工夫，才能夠開智慧，《法華經》則告訴我們，念一聲佛號，也就種下成佛的因了。

此外，《法華經》主張兩性平等，女性亦可成佛，這與其他經典認為女子不能成佛的說法不同。《法華經》甚至認為曾經謗佛、毀佛、傷害佛的人，將來也能成佛，也就是說，無論過去造了何等惡業，只要開始學佛，就有成佛的可能。

〈常不輕菩薩品〉中，講述「常不輕菩薩」修持忍辱行時，不管別人對他打、罵，或是批評，他都依然恭敬讚歎所有的人，不敢輕慢，因為他認為無論是好人或壞人，未來都將成佛。而實際上，他即是釋迦牟尼佛的過去生。

## 三、講說重要的修行方法

《法華經》非常重視「受持」、「讀誦」、「書寫」、「為人解說」等修行方法。其中，「受持」是領受於心，憶而不忘；「讀誦」是看經、誦經；「書寫」是抄寫經典，在印刷術尚未發達的古代，所有著作都要經由手寫，才能傳播，因此《法華經》提倡大眾一起來鈔經，目的就是為了轉送給其他的人；「為人解說」則是把經典的意涵，解說讓人了解，也就是說法，而這都是無量的功德。

另外，《法華經》還主張禮拜、懺悔，而現在這已成為漢傳佛教各宗派最普遍的修行入門方法，影響很大。

## 四、相信佛永在人間

在〈如來壽量品〉中提到，釋迦牟尼佛常在靈鷲山上，凡夫的肉眼雖然看不見，但是他不曾離開人間。一般的佛教徒認為，在釋迦牟尼佛的色身涅槃以後，佛也就不存在了。可是《法華經》指出，釋迦牟尼佛的壽命是無量的，不因色身涅槃或火化而消逝，因此，就信仰的面向來講，我們相信釋迦牟尼佛永在人間。

## 五、人間淨土思想的根源

〈見寶塔品〉中描述，久遠以來，有一位古佛名叫「多寶如來」，曾在無量世之前發願：凡是有人宣講《法華經》之處，他必將現前護持。也就是說，因為有《法華經》的存在，所以就會有古佛出現護持，而且不僅僅是一尊佛，更有無量無數的佛都來護持。因此在〈從地涌出品〉之中提到，佛的寶塔從東南西北，四維上下，從地涌出，無量無數的佛遍滿虛空，皆是為了聽聞、護持《法華經》而來。

因此，每當我們誦念、修持《法華經》，便會有無量無數的佛出現，而每一尊佛，皆有許多菩薩與護法神隨侍而來，這時，我們所處的世界就是在佛國淨土之中了。所以，法鼓山主張「建設人間淨土」的理念，並不是一種夢想，因為《法華經》正是這麼說的。

## 六、觀音菩薩的信仰

最讓一般民間感受無限慈悲和救濟力量的觀世音菩薩，在《法華經·觀世音菩薩普門品》裡描述道：若是遭遇任何大火、大水、強盜、惡鬼等困厄時，只要一心稱念「觀世音菩薩」聖號，便能夠及時得救。

此外，一般人通常認為是地藏菩薩在地獄中普施救度，可是在觀音法門裡，觀音菩薩除了會化成餓鬼來救度餓鬼道的眾生，而且曾經示現在阿難尊者面前，告訴阿難尊者救度餓鬼道眾生的方法之外，也會救度地獄道的眾生。因此，觀音菩薩不只在中國，在韓國、日本、越南、西藏、印度，皆是非常普遍的信仰。

## 以鳴響法華鐘來代表一切佛法

由於《法華經》有這麼多重要的意義，以及豐富的內涵，所以我們委請日本「老子製作所」鑄造法華鐘，做為法鼓山整體佛法的象徵。法鼓山既名「法鼓」，除了以「擊法鼓」來弘揚佛法，更以鳴響法華鐘來代表一切佛法，用整體佛法來拯救、照顧我們這個世界，不但具足慈悲與智慧，同時也含有無限光明與希望的意義。

法鼓山法華鐘，重二十五公噸的鐘體，並不算世界之最，在臺灣、日本、韓國和中國大陸均可見到更巨大的鐘，但是，我們的法華鐘在鐘體內外，鑄刻《法華經》一部和〈大悲咒〉一卷，總字數七〇一五二字，則是當今世界的一個創舉，也是目前全世界僅有的一座法華梵鐘。

因此，我們每拜一次法華鐘，就等於禮拜了一部《法華經》和一卷〈大悲咒〉；每當撞響一聲法華鐘，就彷彿聽到了整部《法華經》和〈大悲咒〉。

（二〇〇五年八月二十四日於日本東京新大谷飯店，為《不一樣的聲音》節目而講，收錄於《二〇〇六法鼓山年鑑》）

智慧海 38

# 漢傳佛教的智慧生活（修訂版）

Living a Life of Wisdom in Chinese Buddhism

| | |
|---|---|
| 著者 | 聖嚴法師 |
| 出版 | 法鼓文化 |
| 總審訂 | 釋果毅 |
| 總監 | 釋果賢 |
| 總編輯 | 陳重光 |
| 編輯 | 林文理、李書儀 |
| 封面設計 | 獨立設計工作室 |
| 內頁美編 | 胡琡珮 |
| 地址 | 臺北市北投區公館路186號5樓 |
| 電話 | (02)2893-4646 |
| 傳真 | (02)2896-0731 |
| 網址 | http://www.ddc.com.tw |
| E-mail | market@ddc.com.tw |
| 讀者服務專線 | (02)2896-1600 |
| 初版一刷 | 2000年2月 |
| 二版一刷 | 2021年7月 |
| 建議售價 | 新臺幣160元 |
| 郵撥帳號 | 50013371 |
| 戶名 | 財團法人法鼓山文教基金會—法鼓文化 |
| 北美經銷處 | 紐約東初禪寺<br>Chan Meditation Center (New York, USA)<br>Tel: (718)592-6593 Fax: (718)592-0717 |

法鼓文化



國家圖書館出版品預行編目資料

漢傳佛教的智慧生活 / 聖嚴法師著. -- 二版. --
臺北市：法鼓文化, 2021. 07
面； 公分
ISBN 978-957-598-915-6（平裝）

1. 佛教 2. 文集

220.7 110005771